SantillanaCuadernos

Caligrafía 3

N y f. Las grafías r (sonido fuerte) y -rr-. H, c/qu, g/gu, r (sonido suave), b y v. Números hasta el 29.

El cuaderno Caligrafía 3 para PRIMARIA es una obra colectiva concebida, diseñada y creada en el departamento de Ediciones Educativas de Santillana Educación, S. L., dirigido por Antonio Brandi Fernández.

En su elaboración ha participado el siguiente equipo:

TEXTOS
Beatriz Coullaut Zafra
Laura Díez Martínez
Myriam García Galán
Irene Monescillo Núñez
Paula Rojo Cabrera

ILUSTRACIÓN
Juan Carlos Carmona

EDICIÓN
Beatriz Bolaños López de Lerma, Arancha Méndez Pérez, Lola Núñez Madrid y Paula Rojo Cabrera

DIRECCIÓN DEL PROYECTO
Antonio Luis Alarcón y Lola Núñez Madrid

DIRECCIÓN Y COORDINACIÓN EDITORIAL DE PRIMARIA
Maite López-Sáez Rodríguez-Piñero

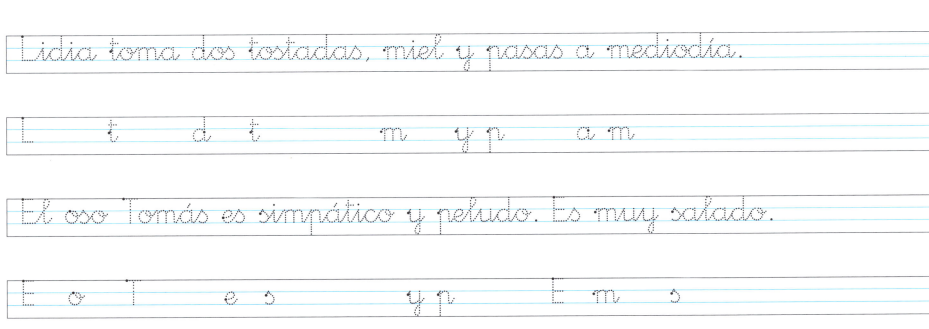

Repaso

La paloma Tomasa lee poesía.

L p T l p

y el palomo Tadeo pía y pía.

y e p T p y p

El mulo Pepe está malito de la pata

E m P e m d l p

y la mula Lula lo mima todo el día.

y l m L l m t e d

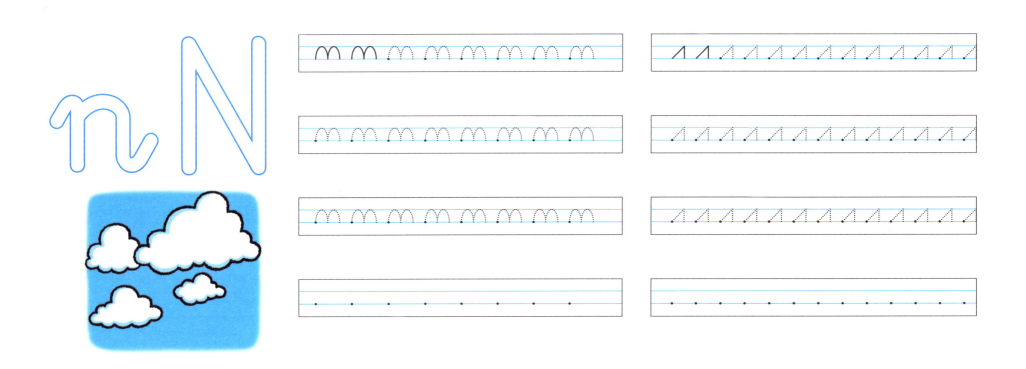

4 La n

na ne ni no nu

na ne ni no nu

Na Ne Ni No Nu

Na Ne Ni No Nu

nene luna nota

n l n

Nina Noelia Luna

N N L

Natalia está nadando en un pantano. ¡Es estupendo!

N n n u p ¡E e

Antonio y Noelia toman melón, nata y miel. ¡A la mesa!

A y N t m n y m ¡A l m

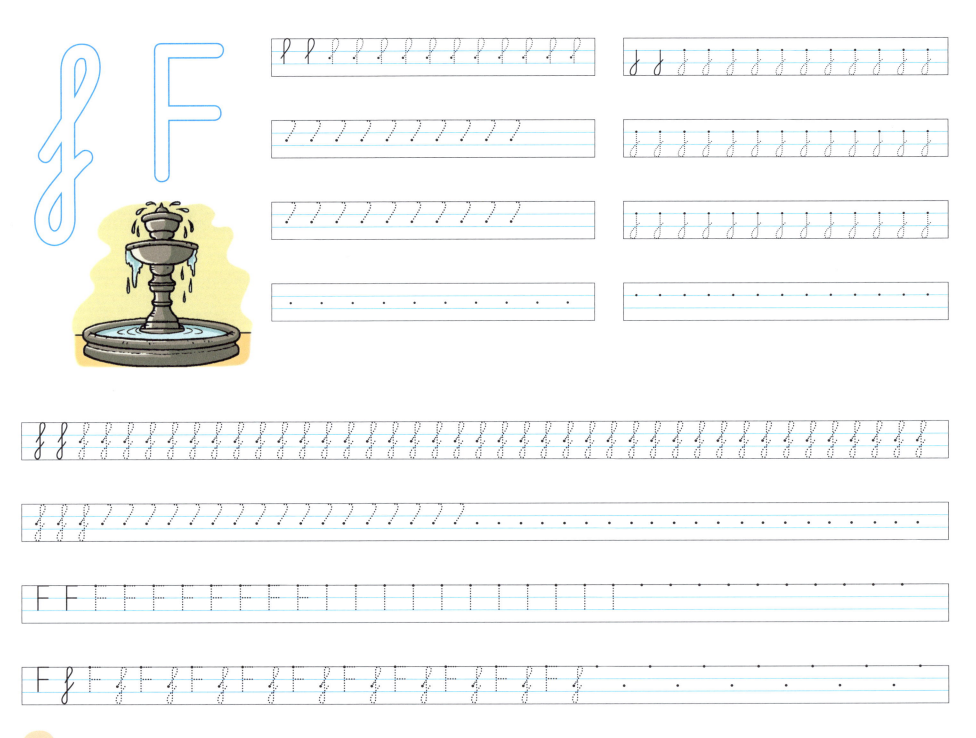

fa fe fi fo fu

fa fe fi fo fu

Fa Fe Fi Fo Fu

Fa Fe Fi Fo Fu

fiesta felpa falda

f f f

Felipe Fátima

F F

El fantasma Filemón se toma toda la sopa de fideos.

E f F t t l d f

El tío Fidel se tomó seis filetes en la fiesta. Fue un festín.

E t F t f e t f F u f

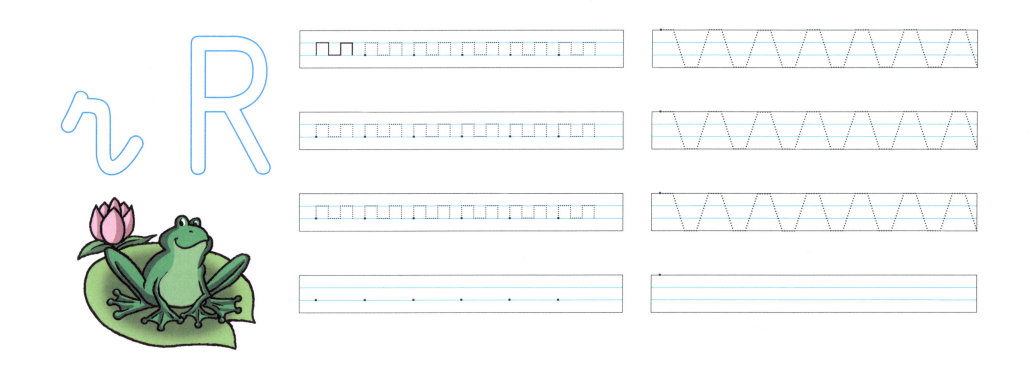

8 La r (sonido fuerte)

ra re ri ro ru

ra re ri ro ru

Ra Re Ri Ro Ru

Ra Re Ri Ro Ru

raíl remo rosa

r r r

Roma Rita Rui

R R R

El ratón Rodolfo roe la ropa y la rompe. ¡Es una ruina!

En R r l r y l r ¡E u r

Rafael y Ramón reman rápido en el río Ródano.

R y R r r e e r R

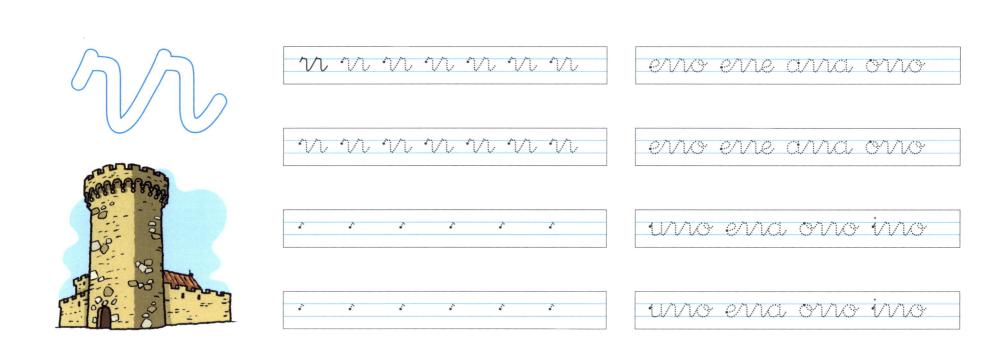

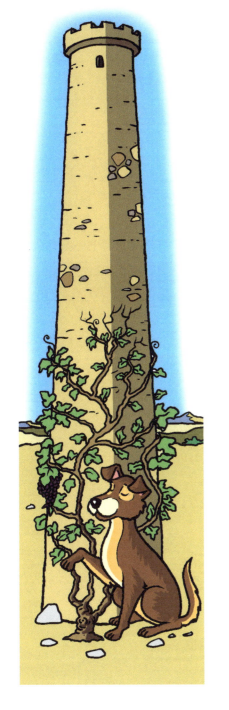

Mi perro Renato se arrima a la parra,

M   p   R   s   a   a   p

La parra es muy linda y rodea la torre.

t   p   e   m   t   y   r   l   t

La torre tiene almenas y adorna la sierra.

L   t   t   a   y   a   l   s

¡Ole, mi perrito Renato de morro marrón!

¡O   m   p   R   d   m   m

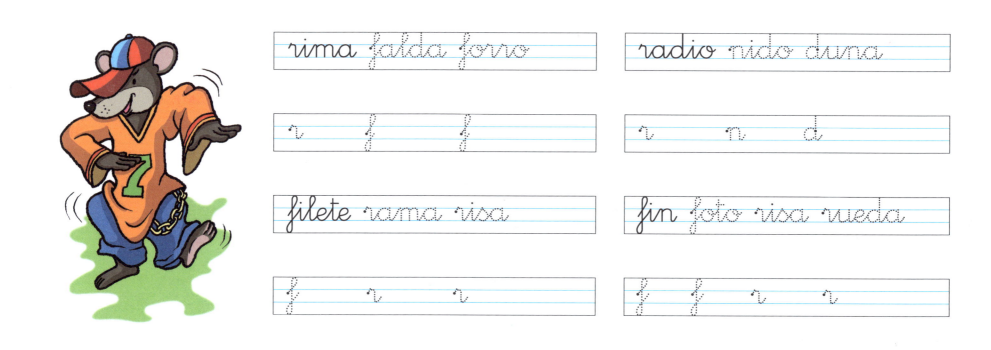

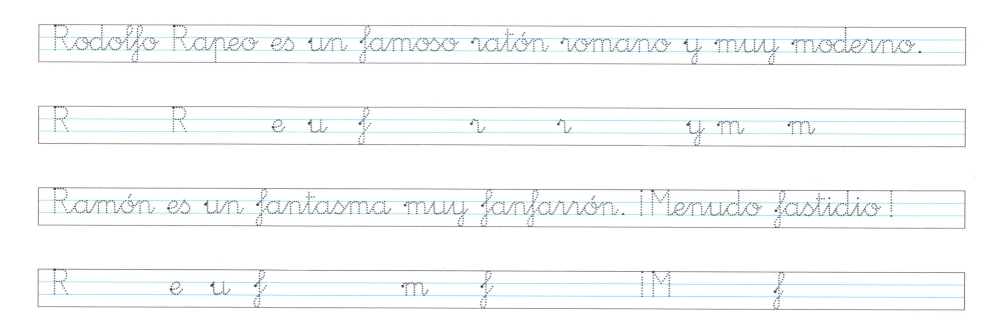

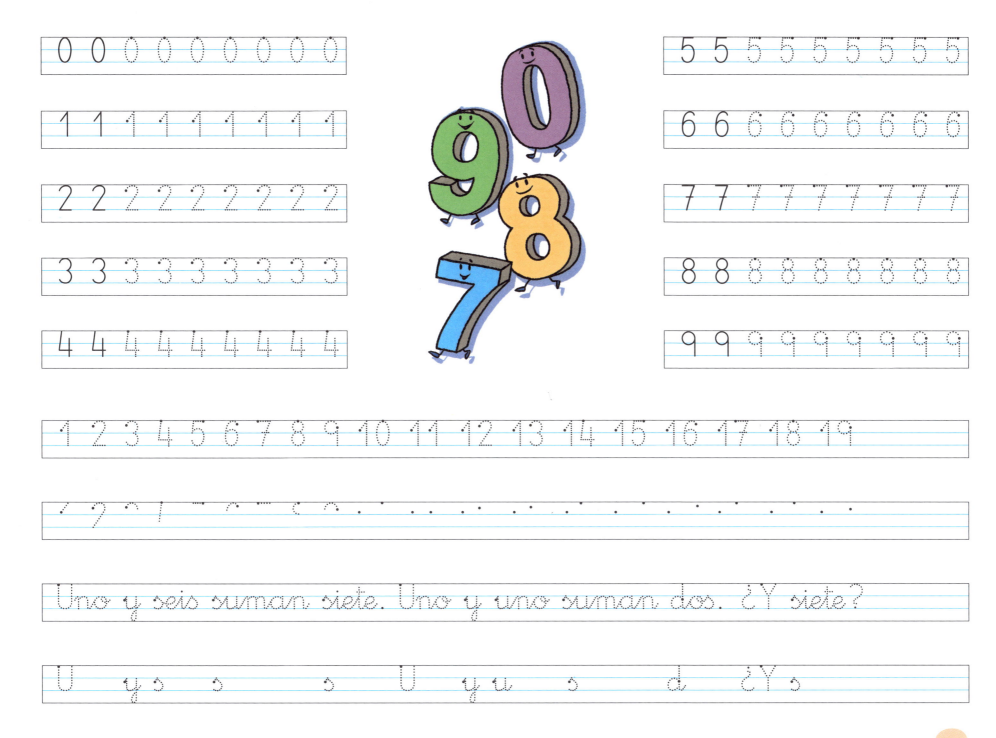

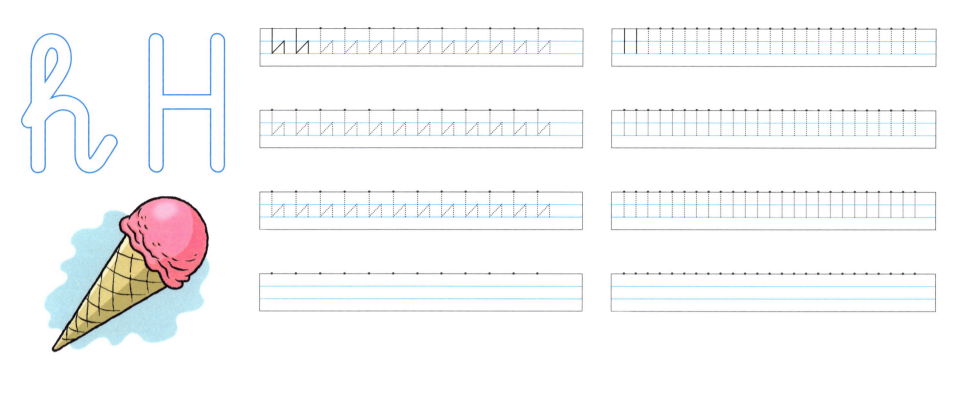
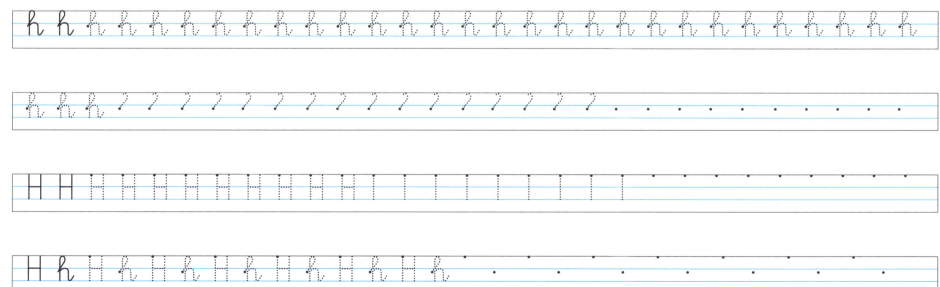

14 La h

ha he hi ho hu

Ha He Hi Ho Hu

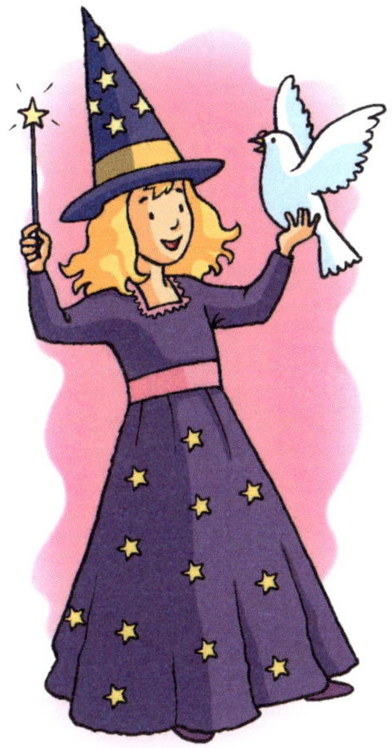

hierro huso hielo

h h h

Helio Haití Henar

H H H

El hada Hanna y su paloma Susana. ¡Ale-hop!

E h H y s p S ¡A h

Elena y su mamá han ido hoy al hospital de Santander.

E y s m h i h a h d S

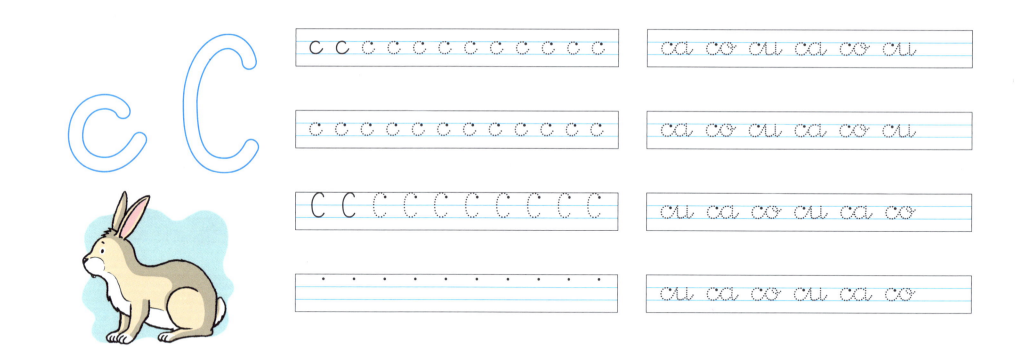

cuco casa Camila campo copa cuento calamidad cuenco

Ca, co, cu, que, qui

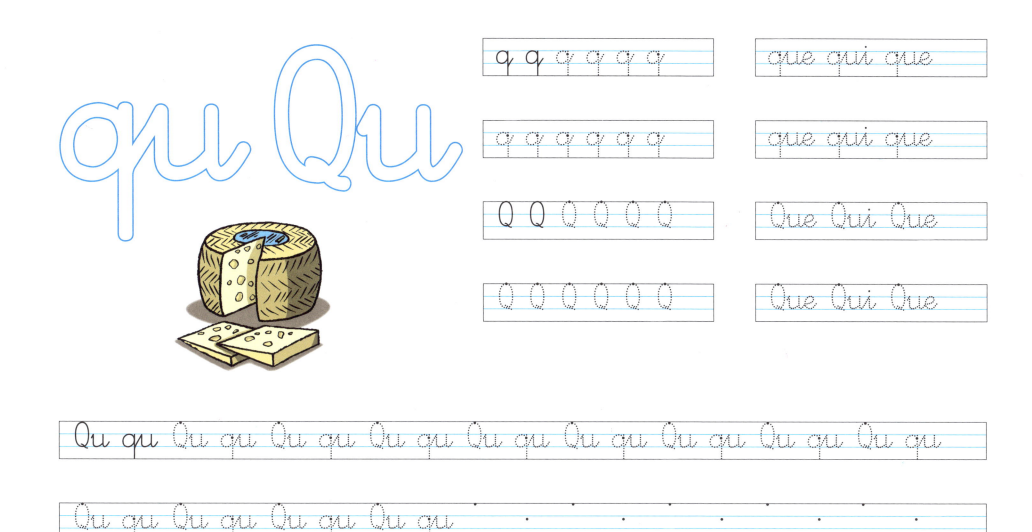

Coque tiene escudo, capa, espada y peluca. ¡Qué inquieto!

Consuelo tiene un camaleón muy simpático. ¡Qué calmoso!

18 Ca, co, cu, que, qui

queso copa carro

q   c   c

carreta eco calma

c   e   c

quiosco capa taco

q   c   t

mosca correo cuna

m   c   c

El esquimal toma su comida calentita. ¡Qué rica está!

E   e   t   s   c   c   ¡Q   r   e

A Catalina le picó un mosquito en el codo. ¡Cuánto le pica!

A C   l   p   u   m   e   e   c   ¡C   l   p

café hueso hierro

química foco café

c h h

q f c

hueco cohete seco

catarro quieto

h c s

c q

Quique corre rápido en las ruinas romanas de Itálica.

Q c r e t r r d I

Mi amiga ha roto el forro de la falda y se lo cose.

M a h r e f d f y s l c

carreta foca fondo   ferrocarril camisa

c f f   f c

hiena hierro risa   Curro quesada

h h r   C q

El hipopótamo Hipólito se ríe todo el rato. ¡Qué sonriente!

E h   H   r t e r !Q !

15 16 17 18 19 20 21 22 23 24 25 26 27 28 29 30 31

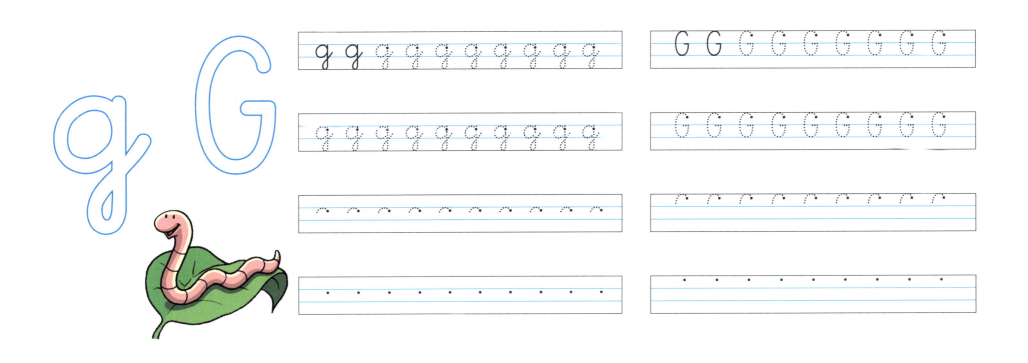

Ga, go, gu, gue, gui

gorrión guinda

g   g

gaita goma galgo

g   g   g

anguila garra

a   g

Gustavo Gala

G   G

El gato usa guantes, gafas y gorra. Es un gato elegante.

E g   u   g   g   yg   E u g   e

A Galatea le gustan los gusanos de seda y los alimenta.

A G   l g   l g   d s   y l a

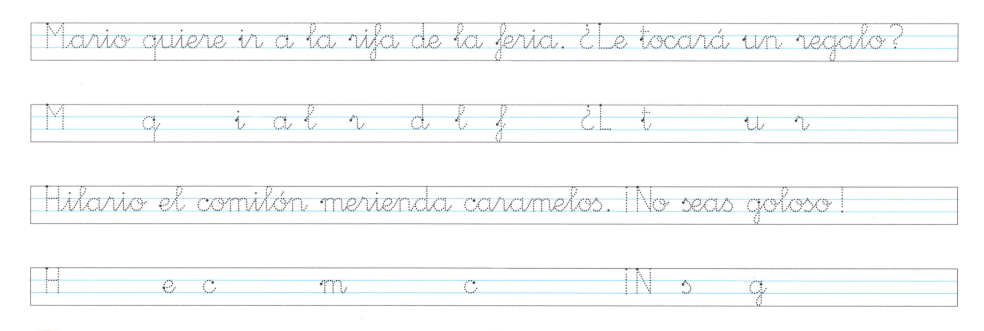

tirar cordero loro

t c t

cuero Coral marea

c C m

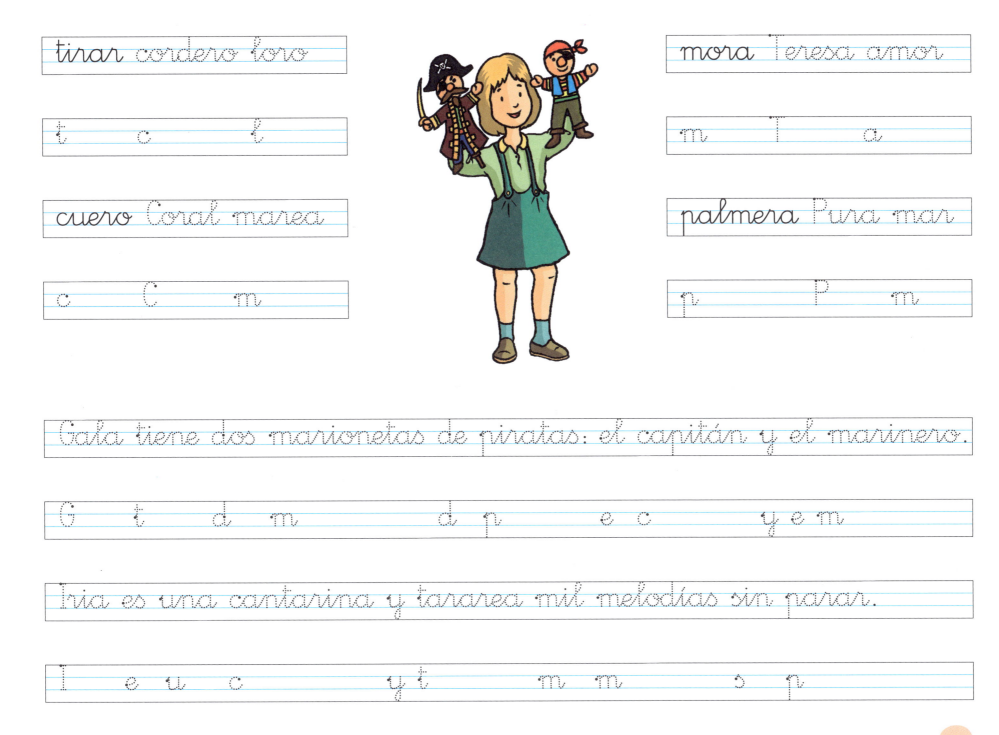

mora Teresa amor

m T a

palmera Pura mar

p P m

Gala tiene dos marionetas de piratas: el capitán y el marinero.

G t d m d p e c y m

Iria es una cantarina y tararea mil melodías sin parar.

I e u c y t m m s p

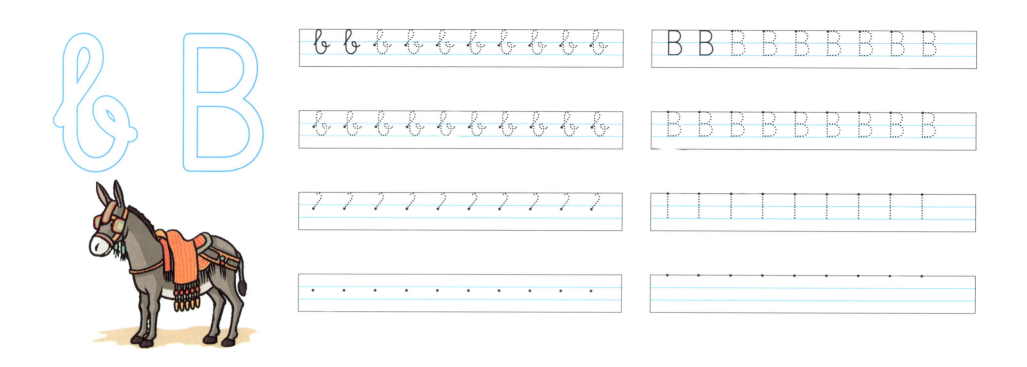

La b

burro bastón bola

b b b

botón babero bien

b b b

bien besugo bata

b b b

Belén Bárbara

B B

Bernardo Benito tiene barba y bigote. ¡Qué bien le sientan!

B B t b y b 10 b b s

Berta botaba el balón en la bodega y sonaba un montón.

B b e b e b b ys u m

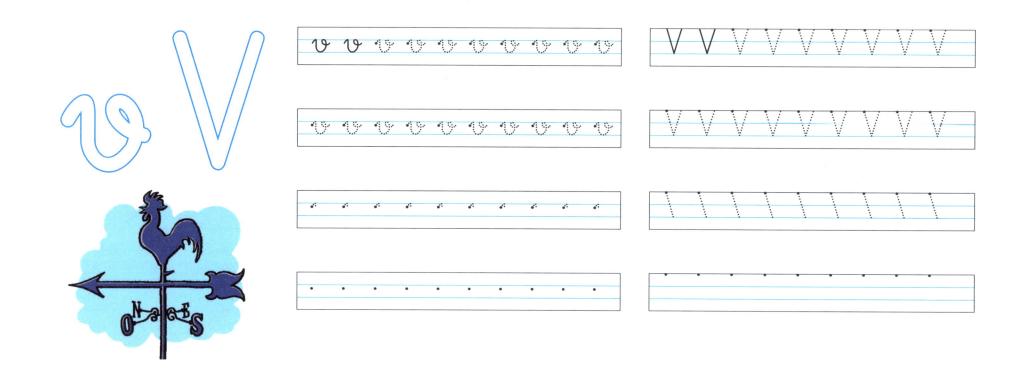

28 La v

vela vida ver

veleta vaso violín

vivero vacuna

Vigo Vicente Vigo

El velero no vuela, navega al viento a toda vela.

El violín de Valentina es verde y violeta. ¡Es un violín único!

ga go gu gue gui   Ga Go Gu Gue Gui

ba be bi bo bu   Ba Be Bi Bo Bu

va ve vi vo vu   Va Ve Vi Vo Vu

gaviota Vitoria   Balvia gol boleto

Valentina nunca tiene miedo en el tobogán. ¡Qué valiente!

En Vigo vi un gato, un ganso y un gorila al lado del mar.

caviar víbora

c v

agua seso gota

a s g

bota gas Vega ave

b g V a

volar tiovivo tubo

v t t

Beibi se pone bermudas y gorra en verano. Así va cómoda.

B s p b y g e s A v c

Mi abuela come guisantes con huevo y le gusta un montón.

M a c g c h y b g u m

Un poco más difícil